फिर उगना

पार्वती तिर्की

राधाकृष्ण पेपरबैक्स

राधाकृष्ण पेपरबैक्स में
पहला संस्करण : 2023
तीसरा संस्करण : 2025

राधाकृष्ण पेपरबैक्स : उत्कृष्ट साहित्य के जनसुलभ संस्करण

राधाकृष्ण प्रकाशन प्रा. लि.
जी-17, जगतपुरी
दिल्ली-110 051
द्वारा प्रकाशित

शाखाएँ : अशोक राजपथ, साइंस कॉलेज के सामने, पटना-800 006
पहली मंजिल, दरबारी बिल्डिंग, महात्मा गांधी मार्ग, प्रयागराज-211 001
वेबसाइट : www.radhakrishnaprakashan.com
ई-मेल : info@radhakrishnaprakashan.com

विकास कंप्यूटर एंड प्रिंटर्स
ट्रॉनिका सिटी-201 102
द्वारा मुद्रित

मूल्य : ₹199

FIR UGANA
Poems by Parwati Tirkey

ISBN : 978-81-959484-9-9

अदृश्य व अबोले रूप में हमेशा साथ
पुरखों को

क्रम

करम चन्दो[1]

1

संगी!
भादों के आसमान में
चाँद फूल खिल रहे हैं
देखो
भादों के डाँड़ खेत[2] में
सरगुजा फूल रहे हैं!

2

सहिया![3]
करम का त्योहार आ रहा है

---

1. करम छोटानागपुर में मनाया जाने वाला लोकपर्व है जो सितम्बर के महीने में पड़ता है। इस पर्व में खिलने वाले चाँद को करम चन्दो कहते हैं। इसी करम के मौसम में सरगुजा के सुनहरे फूल खिलते हैं जिनसे अखड़ा सजता है।
2. मैदानी क्षेत्र/खेत
3. मित्र

करम चाँद अखड़ा[1] पर आएगा
अपने संग-साथियों से मिलने!

देखना!
माँदर की ताल सुनकर
करम चाँद अखड़ा पर
नृत्य करने को उतरेगा।

3

सहिया!
आज रात करम चाँद अखड़ा पर आने वाला है
अपने संग सरगुजा से मिलने, बतियाने
और कहानी सुनने

आज रात करम चाँद और सरगुजा
अखड़ा पर साथ होंगे
साथ-साथ थिरकेंगे, नाचेंगे!

सहिया!
देखो, माँदर बज रहा है—
धातिंग ताँग ताक ताक
देखो, अखड़ा का थिरकना
करम चाँद और सरगुजा के
आगमन की खुशी में!

---

1. सामूहिक मिलन का केन्द्र

देखो, मेरख़ा राजी[1] का थिरकना
देखो, बिनको[2] का थिरकना
परता[3] भी थिरक पड़े!

भला कैसे न थिरकें सभी
भादों का ही मौसम होता
जब करम चाँद और सरगुजा साथ होते!

---

1. पूरा आसमान
2. तारे
3. पहाड़

धानो नानी के गीत

बारिश मेरी धानो नानी के गीत
सुनने आती है
नानी के गीत
उसे बहुत रिझाते

साँझ बेरा नानी
गीत गा रही थी—
मोख़ारो बदाली, पंडरू बदाली
ऐन्देर गे चेंप मला पुईंयी भला
ऐन्देर चेंप मला पुईंयी[1]
यह गीत-सन्देश सुनते ही
बारिश आई
और
पहाड़ों-नदियों के आँगन
खूब रीझ-रीझकर नाची।

---

1. ओ काले बादल, सफेद बादल
बारिश क्यों नहीं ला रहे हो
बताओ भला! बारिश क्यों नहीं ला रहे हो ?
कुड़ुख आदिवासी आषाढ़ के मौसम में यह गीत गाते हैं। यह बारिश की कामना का गीत है।

हर मासा नानी गीत गाती है!
ग्रीष्म बिहान
नानी के गीत सुनकर ही
आया था बीड़ी बेलस[1]—
रिमरिमना बिड़िःआ लागी
मदगी खतेरा लागी...[2]
बीड़ी बेलस को यह गीत खूब भाता

यह गीत सुनते ही
ऊँचे आसमान से उतर आया
बीड़ी बेलस
और हिलाने लगा
महुआ की डाल
टपकने लगे महुए चारों ओर
टप-टप-टप-टप

नानी महुआ बीछते हुए
गीत गा रही थी
और बीड़ी बेलस रीझ-रीझकर
महुआ झाड़ रहा था
नानी इस कला में खूब पारंगत है
उनके गीत सबको ही ख़ूब रिझाते!

---

1. बीड़ी बेलस अर्थात सूर्य
2. खूब धूप है
महुआ खूब टपक रहा है।
यह दक्षिणी छोटानागपुर में महुआ के मौसम में गाया जाने वाला कुड़ुख आदिवासी गीत है।

नकदौना चिड़िया[1]

1

आसमान में उड़ते हुए
नकदौना गीत गा रही थी

उसके गीत की
मधुर ध्वनि सुनाई पड़ रही थी—
पुईं चे चे...
पुईं चे चे...

उसके इस गीत को सुनकर
सभी समझ गए...
बारिश आने में अभी देरी है।

---

1. हरे रंग की लम्बी पूँछ वाली चिड़िया जो हर बारिश से पहले अपना गीत-सन्देश भेजती है।

2

नकदौना
घर के आँगन में घूम-घूम कर
और ख़ूब चहक-चहककर
आसारि राग[1] के गीत गा रही थी—
पुईं चे चे...
पुईं चे चे

कह रही थी—
बारिश होने वाली है
ख़ूब झईड़[2] है!

3

नकदौना के आसारि राग के
गीत के बाद ख़ूब बारिश हुई

इसके बाद कुड़ुखर[1] ने अपनी भाषा में
बारिश के होने को कहा—

---

1. कुड़ुख आदिवासियों अर्थात कुड़ुखरों द्वारा आषाढ़ के मौसम में गाया जाने वाला राग। नकदौना अगर आसमान में गीत गाती है तो यह बारिश देर से शुरू होने का संकेत होता है। यदि वह धरती के क़रीब आकर गीत गाती है, तो यह आदिवासियों के लिए ख़ूब बारिश का संकेत होता है।
2. बारिश

चेंप पुईंयीं
बारिश हुई!

बारिश के होने पर
जंगल के फूल झकमकाकर खिले

तब उन्होंने अपनी भाषा में
फूलों के खिलने को कहा—

'पूँप पुईंदआ'
फूल खिले!

इस तरह कुडुखर और नकदौना ने
संवाद की एक साझी भाषा गढ़ी
और आसारि के गीत
साथ में गाए।

---

1. कुडुख आदिवासी समूह के लोग।

जंगल दईत[1]

पुरखे कहानी कहते हैं—
समझो और बूझो!

वे बुझाते हुए पूछते हैं—
क्या तुम्हें मालूम है
मेरखा राजी[2] अपना रास्ता क्यों नहीं बेड़ाता[3]
परता-तोड़ोंग[4] अपनी जगह से क्यों नहीं डिगते
ख़ाड़-ख़ोसरा[5] को कैसे याद रहती है दिशा प्रवाह की

जादू यह किसका है
कौन है वह
जिसके वश में हैं सब
फिर समझाते हुए कहते हैं—
जंगल दईत।

---

1. कुड़ुख आदिवासियों का विश्वास है कि जंगल में 'दईत' रहते हैं जिन्होंने समस्त प्रकृति को सन्तुलन में बाँध रखा है। वस्तुतः दईत प्रकृति में विद्यमान अदृश्य शक्तियाँ हैं।
2. आसमान का राज्य
3. खो जाना
4. पहाड़-पर्वत
5. नदी-नाला

गीतारू[1] साँझो

सरगुजा फूल की तरह
लहलहाता है
गीतारू साँझो का
साँवल रंग—

जब वह करम राग[2] में
गीत अलापती है
डाँड़ के सरगुजा फूल
साँझो की हँसी
खिलखिलाने लगते
और
उसके खद्दी[3] गीत पर
जंगल के सखुआ फूल
साँझो की रीझ
थिरकने लगते

---

1. ख़ूब गीत गाने वाली/वाला
2. आदिवासी गीत का एक राग
3. त्योहार

सुनहरे सरगुजा और सखुआ फूल
गीतारू साँझो के गीत पर
इतने रिसया[1] जाते हैं कि
साँझो के साँवल रंग में
खो जाते हैं।

---

1. रम जाना

ख़द्दी चाँद

ख़द्दी का चाँद[1]
आसरा देखता है—
तिलई फूलों का आसरा देखता!

फूलों वाले पहाड़ पर
उनके मिलने का स्थान
हमेशा से तय है!

ख़द्दी के मौसम में
चाँद पहाड़ों पर होता
और
तारे धरती पर
वे सखुआ के जंगलों में
जुगनुओं की तरह खिलते!

---

1. आदिवासी चाँद देखकर त्योहारों का समय तय करते हैं। कोई भी त्योहार बढ़ते चाँद के समय मनाया है। चैत माह से आदिवासियों का ख़द्दी त्योहार शुरू होता है। ख़द्दी के इसी मौसम में तिलई और सखुआ के फूल खिलते हैं।

ख़द्दी बीतने तक
चाँद और तारे
तिलई और सखुआ फूलों के साथ रहते!

फिर,
अगले ख़द्दी मौसम पर
मिलने का आसरा देकर लौट जाते!

ख़ेख़ेल[1]

[छोटानागपुर के जंगली-पठारी अंचलों में रहने वाले कुड़ुख बुजुर्ग पृथ्वी पर अपने विकास की और अपनी संस्कृति के निर्माण की कहानियाँ सुनाते हैं। 'ख़ेख़ेल', 'माख़ा' और 'तोकना' कविताएँ उन कहानियों से ही प्रेरित हैं।]

1

'जलचर हमारे अगुआ हैं'
—ऐसा कहते हुए
पुरखों ने
एक लम्बी कहानी सुनाई—
धरती की रचना के क्रम में
सबसे पहले कछुआ
समुद्र के अन्तस्तल तक गया
और अपनी पीठ पर
मिट्टी लादकर आया ऊपर

फिर
केकड़ा गया

1. धरती

और अपने आठ हाथों से
मिट्टी को उठाया

अब जोंक की बारी आई
उसने अपने पेट में मिट्टी भरी
और ऊपर लाकर उगल दी
ऐसे बनी ज़मीन
और पहाड़!

2

इसके बाद
मनुष्य ने ज़मीन को
वर्षों तक
जोतकर बनाए खेत

और
पहाड़ को
वर्षों तक सींचकर उगाए—
केंवरा[1] के फूल

3

केंवरा के फूल से
जंगल महक उठे

---

1. जंगली फूल

और इससे आकर्षित होकर
जंगलों में दईत आए।

4

फिर खेत के समीप
मनुष्य ने—चालाटोंका[1] बनाया

चालाटोंका से
दईतों से संवाद किया

अब जंगल में
दईतों का राज्य हुआ
और टोंका[2], खेत और डाँड़[3] में
मनुष्यों का राज्य हुआ।

---

1. डाँड़ खेत के करीब खुले में निर्मित पवित्र स्थल, जहाँ कुड़ुख आदिवासी देव-भूत से संवाद करते हुए सन्तुलन स्थापित करते हैं।
2. छोटे पठारी भूभाग
3. मैदानी क्षेत्र

माख़ा[1]

जब मनुष्य
खेत, टोंका और डाँड़ बनाने में
अनन्त दिनों तक जुटा रहा
अनन्त दिनों की
थकान को ढोए रहा
उसने धर्मेश[2] से विनती की

तब धर्मेश ने
उसको 'रातें' दीं
फिर मनुष्य रात में सोया
और दिन में खेत कोड़े।

---

1. रात
2. कुड़ुख आदिवासियों का सूर्य देवता

तोकना[1]

1

रात-भर के आराम के बाद
मनुष्य जोड़े ने साथ मिलकर
खेत कोड़े और तुम्बा[2] रोपे

उसने डाँड़ में
मड़ुआ[3] और जटंगी[4] बोए

फिर उस जोड़े ने
मड़ुआ से
हँड़िया[5] बनाया
हँड़िया की मीठी सुगन्ध ने
प्रेमी को गीत गाने के लिए

---

1. नाचना
2. एक प्रकार की सब्जी
3. अनाज विशेष
4. एक प्रकार का फूल
5. आदिवासियों का पेय पदार्थ

आतुर किया!

उसने गीत गाते हुए
अपने संगी के जूड़े में
जटंगी के फूल खोंसे

प्रेम की रीझ ने
प्रेमिका को
नृत्य करने के लिए
आतुर किया!

फिर उन्होंने साथ मिलकर
गीत गाए और नृत्य किया!

2

प्रेमी जोड़ा
नृत्य करते हुए—
हँड़िया और जटंगी फूल के लिए
पृथ्वी के प्रति
हमेशा नतमस्तक हुआ!

3

इसके बाद मनुष्य
सामूहिक रूप से

नृत्य करते हुए—

फसलों के लिए
पृथ्वी के प्रति
हमेशा नतमस्तक हुए

वे समूह में
एक साथ
नृत्य करते हुए—

शिकार और बारिश के लिए
पृथ्वी के प्रति
हमेशा नतमस्तक हुए।

तुम्बा

मिट्टी की पिड़ी[1]
बनाकर,
सबसे पहले
मनुष्य ने
तुम्बा रोपे थे।

तुम्बा जब फूले
और खूब फलदार हुए
तब मनुष्य ने
सारे तुम्बों को
खलिहान में मीसा

फिर तुम्बों से
बीज निकले
धान के
मड़ुआ के

---

1. समतल भूमि से ऊँचा, मिट्टी का ढेर।

गोंदली[1] के
और उन सबके बीज
जिनसे धानी हुआ
धरती का आँचल।

---

1. अनाज, जिसके गोल और छोटे दाने होते हैं।

जटंगी

1

ओ प्रिये!
जटंगी के फूल
बेहद प्रिय हैं,
क्योंकि
मेरे जीवन की सबसे ख़ूबसूरत
यादों का रंग पीला है।

2

क्वार के महीने में
जटंगी के फूल खिलते हैं
उन फूलों के खिलने के साथ
मेरी स्मृतियों में
वे प्रेमिल दिन खिलने लगते हैं—

सुनहरे पीले दिन
जब आँखों में पीला रंग समाया होता है।

जटंगी फूलों के रंग से
खेत जब भरा होता है
तब स्मृतियाँ भी
सुनहरी होती जाती हैं

ओ प्रिये!
इन पीली स्मृतियों में
तुम हो...
और
जटंगी फूलों की ओर
जाने वाले रास्ते हैं।

घनेपन का मौसम

1

संगी!
आषाढ़ का महीना
मुझे सबसे ज़्यादा विकल करता है।

इस मौसम में बारिश को
कितनी सुगबुगाहट होती है

बारिश और फूल
सहिया जोड़ाने[1] के लिए
कितने आतुर रहते हैं

2

आषाढ़ के बाद
जब पोखर भरे होते हैं

1. सहिया जोड़ाना अर्थात संग लगना या साथ होना

उनमें बनने वाला हर प्रतिबिम्ब
उसी सुनहरे फूल की तरह खिलने लगता

क्वार का महीना धीमे से
जंगलों में घुस रहा होता
पहाड़ सारे सघन हो रहे होते
हरा और नीला रंग
एक-दूसरे में समा रहे होते
उत्कट आवेग से

दूर से पहाड़
कभी गहरा नीला दिखाई पड़ता
कभी घना हरा
कभी अलस दिखाई पड़ता
कभी उद्दाम
लेकिन हर बार प्रतीक्षारत

उस घनेपन के मौसम में
जब जटंगी के फूल फिर खिलते
तब, ओ संगी!
लगता है
कि मेरा हृदय सुन्दर जटंगी फूलों का खेत हो गया है।

3

ओ संगी!
मेरे हृदय में जटंगी

किसी बारहमासा फूल की तरह
खिलने लगते

सारू पहाड़ के समीप
खेत में बोए जटंगी के फूलने पर
सालो[1] मैना जब फुदकते आती
उस प्यारी मैना का आना
किसी पुराने गीत की तरह
मन को गुदगुदा जाता है
और
जटंगी फूल
किसी बारहमासा फूल की तरह
हृदय में हमेशा खिलने लगते।

---

1. सालो अर्थात् सुन्दर

लकड़ा[1]

हे भई!
तुम क्यों मेरा रास्ता रोकते

मैं तुम्हारा ही भाई हूँ—

जंगल से गुज़रते हुए
बाघ से सामना होने पर
किसी ने ऐसा कहा

फिर बाघ ने उसका रास्ता कभी नहीं रोका

उस दिन से वह मनुष्य और बाघ
एक कुल के हुए।

---

1. बाघ। बाघ कुड़ुख आदिवासियों का एक टोटेम अथवा गोत्र है।

सुकरा[1]-सुकराइन[2]

1

बारिश, चाँद और
आसमान का अकेला तारा—
सुकरा!

मानो सभी
सुकरा के साथ
प्रतीक्षारत हैं।

2

सुकरा तारा हल्दिया रहा है
हल्दी रंग का हो रहा है

1. सबसे तेज़ चमकने वाला तारा
2. एक अन्य तारा
आसमान में सुकरा और सुकराइन के परस्पर करीब होने पर कुड़ुख आदिवासी ब्याह के गीत गाते हैं।

ब्याह के लिए अब वह तैयार है

आसमान का सबसे चमकीला तारा—
सुकरा, सुकराइन से ब्याह रचाएगा

भिनसारिया[1] दोनों पास होंगे
और अब बेंजा राग[2] के गीत गाए जाएँगे।

---

1. सुबह
2. शादी के समय गाया जाने वाला राग

पृथ्वी की दिशा में

पृथ्वी की दिशा में
अखड़ा[1] की परिक्रमा करने वाले
शान्तिप्रिय लोगों को
उनके पुरखों ने गीत सौंपे

उन्होंने गीत गाते हुए
धरती से साहचर्य निर्मित किया।
गीत गाने वाले इस समूह ने
पृथ्वी की परिक्रमा करते हुए
आकाश और धरती के मध्य
समरसता स्थापित की
फिर उन्होंने अपने नृत्य ताल से
धरती को आश्वस्ति दी
कि मनुष्य कभी उन चिड़ियों का व्यापारी नहीं होगा
जिन्होंने उसे गाना सिखाया
जो उसकी गीतात्मक भाषा की
पुरखा शिक्षक रहीं।

---

1. आदिवासियों का सामुदायिक केन्द्र।

सबने उनके लिए जगह बनाई

शहर के हिस्से से दूर
एक गाँव
जो पहाड़ के हिस्से में
आता था,
वहाँ एक प्रेमी जोड़े को
एकान्त में छोड़कर
मौन चला गया दूर
तब चारों तरफ देखकर
उसने कहा अपने संगी से—

प्रिय! गीत गाते हुए
मुझे रीझने दो
माँदर बजाते हुए
मेरे इतने क़रीब मत आओ

पीछे की भीत
और तुम्हारा माँदर
मेरी रीझ की जगह पर
आ जा रहा है

उस वक़्त
प्रेमिका के विनीत निवेदन पर
धरती हल्की नर्म हो गई

सबने उनके लिए जगह बनाई—
उस वक़्त उनके प्रेमालाप से
घर की भीत भी
हल्की खिसक गई थी।

चालाटोंका

चालाटोंका को मनाने वाले
लोगों ने प्रकृति का
सहज अनुसरण किया।

उन्होंने अपनी प्रार्थना के लिए
कोई भवन नहीं बनाया
चालाटोंका से जीवन के सन्तुलन का
संरक्षण किया
हवाओं को उन्मुक्त छोड़ा
आसमान को नहीं ढाँपा
और उनकी मिट्टी उपजाऊ बनी रही।

उन्होंने अपनी प्रार्थनाओं को नहीं बाँधा
कोई एक दिन या समय उनके लिए
तय नहीं किया।

खेत में हल जोतते हुए
हमेशा सूर्य को धन्यवाद कहा

क्योंकि उसने ही पश्चिम-पूरब की दिशा में
हल जोतना सिखाया।

बसन्त के मौसम में
फूलों के खिलने पर वे लोग
चिड़ियों के साथ ख़ुश हुए
क्योंकि इन चिड़ियों ने ही
हवाओं में मधुर राग छेड़ा
और उनके अनुराग ने ही
बादलों को धरती पर उतारा
जिससे उसकी मिट्टी
हमेशा उपजाऊ बनी रही।

बारिश

टर्र टर्र...करता हुआ
मेंढक भी मनुष्यों के साथ
बादल-वन्दना की
गीत-सभा में
शामिल हुआ था

क्योंकि उसे भी
बारिश से प्रेम था।

तिरियो[1]

बाँसों के झुरमुट में खेलती हुई
चंचल हवाओं की
उन्मुक्त हँसी-ठिठोली
जब एक प्रेमी ने सुनी

तब उसने बाँस से
सुन्दर तिरियो बनाया

फिर
उस तिरियो से
मधुर धुन बजाकर
उसने अपनी प्रेमिका को रिझाया।

---

1. आदिवासियों की बाँसुरी

मगहा[1]

देखो सहिया!
डाँड़ का मगहा फूल
कितना सुन्दर दिख रहा है

सूर्य उसकी ख़ूबसूरती
निहारने आया है
इसलिए
इतना इठला रही है
संगी के आने की ख़ुशी में
मगहा लहरा रही है

देखो ज़रा!
मगहा का रंग
गाढ़ा सुरजी पीला

दोनों एकमेक हुए
कैसे जगमगाते खिल रहे

---

1. गहरे पीले रंग का एक फूल जो डाँड़ में खिलता है।

सूर्य आसमान में
मगहा फूल की तरह दिख रहा
और
मगहा फूल डाँड़ में
सूर्य की तरह दिख रहा!

हमारे गाँव की स्त्री

वह एक तारा थी—
आसमान का वही तारा
जो नदी जैसी बहती
कभी दिखाई देती थी

शाम को जब
वह पहाड़ से लौटती थी
हरीनचरवा तारे की तरह
दिखाई देती थी—
लाल-सुनहरी

अखड़ा में नाचता हुआ उसका झुंड
मुगरा तारे के समान ही
गुच्छेदार दिखाई पड़ता था—

वह हमारे गाँव की स्त्री थी
उसका होना आकाश को
सुन्दर बनाता था।

निरन्तर

इस जंगल में
चिड़ियों और मनुष्य का संवाद
नदी की तरह क़ायम था—
निरन्तर...

बारिश से पहले
जंगल गए लोग घर लौट आते थे
बारिश के पहाड़ पर उतरने से पहले
मनुष्य पहाड़ से उतर जाता था।

इस जंगल में
जाइनसाला पक्षी का डेरा था,
बारिश से पहले वह बोल देती थी—

'ओ मनुष्य, देखो! बारिश होने वाली है,
तुम जल्दी अपने घर चले जाओ।'

जाइनसाला का सन्देश
आज भी लोगों को अनचाहे भीगने नहीं देता
वे बारिश से पहले जंगल से घर लौट आते हैं।

पंड़की

पंड़की पक्षी
जो 'गुगु चु'[1] के गीत गाती थी
मनुष्य के घर पर पोस बैठती[2] थी
उनके बनाए घोंसले में
अपने अंडे सेती थी—
उसे मनुष्य पर विश्वास था।

बदले में पंड़की ने मनुष्य को
अपने गीत सिखाए
जिन्हें उसने अपने बच्चों को खेलाते वक़्त
हमेशा सुनाया—
        गुगु...चु...पंड़की चु...
        पंड़की बोले घुटुर टूर...
और नन्हें बच्चे सो गए
फिर उनकी सुबह
हमेशा पंड़की के गीतों से हुई।

---

1. पंड़की पक्षी की ध्वनि।
2. स्वयं पालतू जीवन चुनना।

बंडा जेठ की बारिश

बंडा जेठ[1] की बारिश
शुरू हो चुकी थी
पहाड़ के पेट से
नदियों का जन्म हो रहा था

नदियों ने मछलियों को जन्म दिया
उन मछलियों के पेट में
अभी अंडे थे
जैसे धरती के पेट से
जंगल अभी खिल ही रहे थे
वे नन्हे शिशु के समान
कोमल थे
इसलिए उनके बढ़ने तक
गाँव के लोगों का
जंगल जाना वर्जित था।

---

1. आषाढ़ से पहले आने वाला महीना, जिसमें बारिश की शुरुआत होती है।

भागजोगनी[1]

रात होते ही आकाश और पेड़
अनन्त भागजोगनियों से झबरा गए,

आकाश की तरफ़
जाती हुई भागजोगनियों ने
प्रेम के गीत गाना शुरू किया
और हर दिशा की नदियों ने
अपना रुख समुद्र की ओर कर लिया

जंगल में झबराए
भागजोगनियों के गीत से
महुआ मीठा हो रहा था,
अँधेरे में भागजोगनियाँ
हमेशा गुनगुनाती थीं
जाने कहाँ से सीखा था यह गीत

1. कुड़ुख आदिवासी भाषा में जुगनू को 'भागजोगनी' कहा जाता है।

भागजोगनियाँ रात का अनन्त राग थीं
रात जो अपनी प्रेमिका से
ख़ूब प्रेम करता था[1]
उसे अँधेरे में इन्हीं आँखों से देखता था
और हर रोज़ अपने जंगल-आकाश में
प्रेमरस घोलता था।

1. कुड़ुखरों की कुछ किंवदन्तियों में रात को पुरुष भी माना गया है।

ख़ेख़ेल बेंजा[1]

1

ख़द्दी का चाँद
आसमान में निकल आया है
और
जंगल में सखुआ के फूल
खिल उठे हैं

अब कुड़ुखर
माँदर की ताल पर
ख़द्दी राग के गीत गाएँगे
और तोकना नृत्य करेंगे

और...
जलचर कुड़ुखर के साथ
इस उत्सव में शामिल होंगे।

---

1. कुड़ुख आदिवासियों में प्रचलित, सूर्य और पृथ्वी के विवाह का वार्षिक पर्व।

2

ख़द्दी चाँद और केकड़ा
साक्षी हैं—

उनकी उपस्थिति में
सूर्य और धरती का
ब्याह हुआ था

ब्याह के समय
धरती ने अपने बालों में
सखुआ के फूलों का
सिंगार किया था
और
सूर्य पीली धोती पहने
आया था।

3

धरती के गर्भ में—
पहला जीवन ठहरा था

सूर्य की किरणों से
धरती गर्भवती हुई थी।

4

जीवन के
इस उत्सव के बाद—
हर साल
सामूहिक नृत्य करते हुए
ख़ेख़ेल बेंजा में
जलचर, नभचर और मनुष्य
शामिल होते हैं

और
जीवनोत्सव के गीत
नृत्य और राग की
पुनरावृत्ति हर साल
सखुआ के फूलने पर होती है।

बात करना

मनुष्य ने सबसे पहले—
चिड़ियों से उनकी भाषा में
बात करना सीखा

चिड़ियाँ उसकी अगुआ बनीं
उन्होंने जंगलों और नदियों से
मनुष्य का परिचय कराया

फिर मनुष्य ने
नदियों के किनारे
खेत और दोन[1] बनाए

तब उसने
बैलों की भाषा
सीखी—

---

1. खेत

ताता नौ[1]...ओहाईर...[2]
हो हिर[3]...पाईच हो[4]...

ऐसा कहते हुए—
मनुष्य ने खेत में
फ़सलों की बोआई की।

---

1. लौटो चलो
2. आड़ के नज़दीक धँसो
3. दाहिने बैल की तरफ़ जाओ
4 घूम जाओ

गोदना[1]

1

मृत्यु के बाद
पुरखे हमारे कुल में
अबोले रूप में
दोबारा शामिल होते हैं

और
अदृश्य रूप में
हमारी दिशा तय करते हैं।

2

पुरखे
अदृश्य संसार में

1. कुड़ुखरों की मान्यता के अनुसार, मनुष्य अपने शरीर पर इसलिए गोदना गुदवाता है, क्योंकि यह उसकी काया के लिए नहीं अपितु उसकी छाया के लिए अहमियत रखता है।

अपनी छाया का
एक-एक गोदना बेचते हैं
और
जीवन निर्वाह करते हैं

हाँ!
जीवन...
मृत्य के बाद जीवन

3

छाया—
मनुष्य के
जीवित शरीर के साथ
चिपकी होती है

मृत्य के बाद जब वह
काया से विलगती है
शरीर के सारे गोदने
अपने साथ ले जाती है
ताकि जीवित रह सके उस संसार में
और शामिल रहे
हमारे कुल में
अदृश्य लेकिन अहर्विश।

धनुक बाँध

इन्द्रधनुष बाँध है—
धनुक बाँध!

जब ख़ूब वर्षा होती है
तब धर्मेश धनुक बाँध
बाँधता है...

फिर बारिश रुक जाती है।

ढिंचुआ[1] पक्षी

ढिंचुआ—
आदिवासियों की
आदिम संगी है

जब सभ्यता ने आँखें खोलीं
और पुरखों ने पकड़ा हल
तब आषाढ़ के मौसम में
पुरखों का साथ देने
उड़कर आ पहुँची ढिंचुआ

तभी से हर बार आषाढ़ में
वह साथ देने
आती है

खेत जोतते बैलों को
अढ़ाती[2] है...

---

1. लम्बी पूँछ वाली काले रंग की चिड़िया जो धान के फ़सलों की निगरानी करती हैं।
2. निर्देश देना।

और
धान की फ़सलों को
ओगरती[1] है।

1. निगरानी करना।

माँझो

चाँद ने एक रात
माँझो को कहानी सुनाई

हर साँझ वह आसमान से
उतरता था
भात राँधते समय
'दो अम्मा! भात' कहता हुआ
माँझो की बग़ल आ बैठता था

उस साँझ
चूल्हे से उठते हुए
जादुई अँगोर की ओर
इशारा करते हुए उसने कहा
अम्मा!
आसमान के चमकीले तारे
तुम्हारे चूल्हे से ही
आसमान की ओर जाते हैं।

धनु और चियारी[1]

1

देव और भूत
जंगल से गुजरते हुए
नवजोड़ों को रास्ता
भटकाते थे!

नवजोड़ा
हमेशा अपनी राह
भूल जाता था।

2

एक दिन
पिता ने अपनी

1. धनुष और तीर। आदिवासी समाज में नव विवाहित बेटी को तीर-धनुष देकर विदा करने का रिवाज है।

नवविवाहित बेटी को
विदा करते हुए
धनुष थमाया

और कहा—
जाओ...
अब तुम्हें रास्ते में
कोई देव-भूत
परेशान नहीं करेंगे!

उसके बाद
नवजोड़ा अपनी राह से
कभी नहीं भटका
और अपने गन्तव्य को
पहुँच गया।

भूत

[जंगल और पहाड़ों में कई तरह के भूत अथवा दईत रहते हैं। पुरखों ने देव और भूत के मध्य सामंजस्य बनाए रखा है। वे भूतों की कहानियाँ-किस्से कहते हैं।]

भुला भूत

भुला भूत—
जो रीझ लाता है!

जंगल गए
लोगों के साथ
अखड़ा तक आता है।
फूल लाने गए
लोगों के साथ
घर तक आता है

और
सबके साथ

खूब खेलता है,
अखड़ा में नाचता है।

खोईड़ भुला

जंगल का भूत—
खोईड़ भुला
गाँव की
बाँस-बाड़ी में
झूला झूलने आता है।

मदाड़ी भूत

बड़े-बुज़ुर्ग कहते हैं—
मदाड़ी भूत
खेत की मेड़ों पर
घूमता-फिरता है...
और
बड़ी अच्छी बाँसुरी बजाता है।

सतबैनी भूत

जंगल गए
लोगों की राह
भुलवाता है—
सतबैनी भूत।

बड़न्दा भूत

पहाड़ में रहने वाला
बड़न्दा भूत!

उसने आँजन[1] के
पहाड़ और जंगलों को
झरनों-पोखरों से
सजाया था

और जंगल में
महुआ के हज़ार बीज
रोपे थे

इसलिए जंगल इतना सुन्दर है।

1. छोटानागपुर का पहाड़ी अंचल

बसाहा बरन्द

बसाहा बरन्द
एक भूत था
जो समृद्धि लाता था

कार्तिक के मौसम में
वह जब तेज़ हवा की तरह हनहनाते हुए
गाँव की ओर बढ़ा...

उसे तेज़ तूफ़ान की तरह आता देख
डरकर कुड़ुखरों ने दरवाज़ा बन्द कर लिया

बग़ल गाँव में बीजों से तेल निकालने वाला
मनुष्यों का एक समूह रहता था
उनके घर दीया जल रहा था
दीया देख बसाहा उनके घर में घुस गया
बसाहा को उन लोगों ने

अपने घर में स्थान देकर बैठा लिया—
फिर उनके यहाँ कभी धान नहीं घटा।

और कुड़ुखर खेत में दिन-रात खटते रहे
लेकिन उनके यहाँ धान हवा की तरह ही उड़ गया।

गीत

उस दिन पृथ्वी ने
एक प्रेमी के गीत में
हिस्सा लिया था

जंगल से महुआ के फूल
चुनकर लाती हुई
प्रेमिका के लिए
जब उसने गीत गाये थे।

धुमकुड़िया[1] : एक

गाँव में अखड़ा के समीप
बग़ल एक घर में
जिसकी दीवार पर
पानी की सुन्दर रेखाओं की
चित्रकारी की गई थी—

गीत की ध्वनि सुनाई पड़ रही थी,
यहाँ लड़कियाँ किसी रात-फूल की तरह
झकमकाते हुए अपनी सम्पूर्णता में
खिल रहीं थीं

उस घर के दरवाज़े पर
चाँद की रोशनी दस्तक दे रही थी

लड़कियों ने उसके लिए भी
घर का दरवाज़ा खोल दिया—

यह उनका पेल्लो एड़पा था।

---

1. 'धुमकुड़िया' कुड़ुख आदिवासियों का शिक्षण संस्थान है, जिसकी एक शाखा 'पेल्लो एड़पा' है। पेल्लो एड़पा का अर्थ है—लड़कियों का घर, अत: यह लड़कियों का शिक्षण केन्द्र है।

धुमकुड़िया : दो

किसी प्रेमी के हृदय में
हँड़िया ने जब प्रेम-राग
घोला
तब प्रेमी के पैरों और हाथों में थिरकन पैदा हुई
उसके पैरों ने सुनी मिट्टी की धुन
तब उसने माँदर बनाया
और एक मधुर धुन रचा

उसके हाथों ने हवा की ताल को समझा
फिर माँदर पर दी थाप
इस तरह उपजा प्रेम का संगीत
उस प्रेमी ने
यह संगीत सबको सिखाया

सबको सिखाया माँदर बजाना
और उसने जोंख़ एड़पा[1] बनाया।

---

1. धुमकुड़िया की एक शाखा। यह पुरुषों का शिक्षण संस्थान होता है।

सोसो बंगला[1]

आसमान में तारे खिले थे,
पेड़ पर भागजोगनियों का झुंड
गाँव के धुमकुड़िया में
इकट्ठा थे लोग

रात के भोजन के बाद
सोमरा की कहानी सुनने को बैठे थे—

"पहाड़ की तराई में
जब लोगों ने गाँव बसाया...

वहाँ एक अंग्रेज आया
वह गाँव के प्रमुख से मिला...
उससे कहा—
आप दयालु हैं,
मुझे रहने के लिए

---

1. छोटानागपुर में बहुत समय पहले एक अंग्रेज़ आया था, और उसने सोसो नामक आदिवासी गाँव के बगल एक बड़ा बनाया, वही सोसो बंगला कहलाया।

मात्र 'एक बैल भर की जमीन' दीजिए

प्रमुख ने सोचा—
बस इतनी-सी बात
और वह राजी हो गया।
अंग्रेज 'कल आता हूँ'
कहकर चला गया

अगली सुबह जब वह आया
साथ अपने एक मोची लाया,
वह मोची बैठ गया और
धागे की तरह काटने लगा...
एक बैल के मांस से
उसने पूरे सत्तर एकड़ की
जमीन मापी

जमीन मापते धागा खत्म हुआ
गाँव का प्रमुख हतप्रभ रहा

उसे टोकते हुए अंग्रेज़ बोला—
एक बैल भर की जमीन
सौदे के हिसाब से अब मेरी हुई।

कहानी खत्म हुई...
चाँद, भागजोगनी और लोगों ने अब जाना
कि जमीन की एक बड़ी लूट
कहानी बन गई।

रिची पीड़ी[1]

साथ शहर घूमते हुए
एक मुंडा मित्र ने
डोरंडा से बहती नदी
स्वर्णरिखा की ओर
इशारा करते हुए कहा—

दुरंङ दा:
पानी का गीत।

नदी के गीत सुनकर
पुरखों ने
नदियों के गीत वाले इस क्षेत्र को
दुरंङ दा: कहा था।

दुरंङ दा: से घूमकर
हम मोराबादी पहुँचे—

---

1. 'रिची पीड़ी' ही आज राँची के नाम से प्रचलित है। 'दुरंङ दा:' ही डोरंडा बना और 'मोरइबादी' ही मोराबादी बना।

मोरइबादी
मूली का खेत।

मूली के खेतों वाले क्षेत्र को
मोरइबादी कहा गया था।

उस वक्त
हम रिची पीड़ी घूम रहे थे

रिची पीड़ी—
रिची चिड़ियों का क्षेत्र!

भुला भूत

जंगल शान्त था...
जंगल का भुला भूत
पेड़ पर झूल रहा था

कन्द-फूल और लकड़ी लेने
जाने वाले लोगों से
वह ख़ूब खेलता था,
वह उनको रास्ते से भटका देता था।
लकड़ी चुनने के लिए
जंगल जाने वाले लोग
भुला भूत से परिचित थे
इसलिए जंगल में घुसते हुए
वे प्रार्थना करते थे

इधर बीच
उसकी प्रार्थना न करने वाले लोग आए थे
शायद वे जंगलख़ोर थे

उन लोगों ने जंगल के बीच
एक चौड़ा रास्ता बनाया
और जंगल को किनारे कर दिया
फिर मकान बनाये
पक्के-ऊँचे मकान
और जंगल को पीछे धकेल दिया

मनुष्य खेल रहा था
इस नए शहर में
और जंगल का भुला भूत
अपना रास्ता भटक गया था

भुला भूत के भटकने से
उसकी प्रार्थना करने वाले लोग भी
भटक गए
वे इसी शहर के किसी ईंट-भट्टे में
गोल-गोल घूम रहे हैं
उनके घर जाने का रास्ता भी
अब कहीं खो गया है।

तेलया नदी से संवाद

ओ तेलया!
भला क्यों शान्त हो तुम
किसने बाँधा तुम्हें
कौन ले गया तुम्हारे गीत
यह मौन रुदन कौन छोड़ गया

तुम्हारे चंचल गीत और नाच से ही
सब लयबद्ध थे—
देखो, लयबद्धता
अब टूट रही है
मछलियाँ अपने झुंड से छिटककर
भटक रही हैं

पहाड़ की पगडंडी
अपनी दिशा खो रही है
और
जंगल का डुम्बर फल
अपनी मिठास खो रहा है...

मंगरू के गीत

भादों के बादल
आसमान में चढ़ चुके थे

वे पहाड़ के ऊपर थे
मंगरू वहीं था
बैलों को चराते हुए
वह पहाड़ की ऊँचाई पर
वहीं जाता था
जहाँ बादल जाते थे

वर्षा होने ही वाली थी
मंगरू के गीतों की वर्षा...
उसकी संगी शहर चली गई थी
गाँव से कई लोग
ईंटा-भट्टा और चाय बाग़ानों में
काम करने चले गए थे

चले गए लोगों की राह
बादल भी रोज़ देखता था

मंगरू के गीत और बादल
एक साथ बरसते थे—
'आख़िर,
वे चले गए लोग
कब लौटेंगे...
अब तो धान का मौसम भी
लौट आया है!'

पहाड़ के नीचे
खेतों में कुछ लोग
घिन्दरी रोपा[1] कर रहे थे
रोपाई की यह प्रविधि
अकसर काम करने वाले
लोगों की कमी के समय
अपनाई जाती थी

काम करते हुए लोग
गुंगु[2] ओढ़कर काम कर रहे थे
बारिश उन्हें नहीं भिगो पा रही थी
लेकिन मंगरू के गीत
उन्हें अन्दर तक भिगो रहे थे,
उनके कानों में गीत की ध्वनि थी—

'अब तो धान का मौसम भी
लौट आया है!'

---

1. जब लोगों की कमी होती है तब रोपाई की घिन्दरी विधि अपनाई जाती है।
2. आदिवासियों का प्राकृतिक रेनकोट। यह ओर्रा पौधे के बड़े-बड़े पत्तों से बनाया जाता है।

स्त्रियों का शिकार पर्व

गाँव में मुक्का सेंदरा[1] की तैयारी चल रही थी
इस बार एक घुसपैठिया
उनके शरीर के भीतर जा बैठा था,
वह लोगों को
स्त्री और पुरुष का भेद पढ़ा रहा था

स्त्रियाँ उसके ख़िलाफ़ हुईं
उन्होंने धोती साड़ी पहनी
सिर पर पगड़ी बाँधी

टंगिया, बलुआ और चियारी[2] लेकर
सेंदरा नाच करते हुए
वे जंगल की ओर निकल पड़ीं

सेंदरा नाच करते हुए
भीतर बैठे घुसपैठिए को

---

1. स्त्रियों का शिकार पर्व। सेंदरा द्वारा आदिवासी यह आह्वान करते थे कि उनके इलाके में बाहरी नहीं आ सकते।
2. आदिवासियों के हथियार।

झाड़ उतारने की कोशिश की।

इससे पहले
सिनगी दई[1] और
रूनिया-झुनिया[2] बहनें
घुसपैठिये से लड़ चुकीं थीं

पेल्लो एड़पा में
उन्होंने युद्ध की तरकीबें और गीत सीखे थे
किसी ऐसे ही घुसपैठिए के ख़िलाफ़
स्त्रियाँ पहले भी एकजुट हो चुकीं थीं।

---

1. आदिवासी पुरखा लड़ाका जिन्होंने अपने लोगों की सुरक्षा में बाहरियों से युद्ध किया था।
2. 1830-32 में हुए कोल विद्रोह की वीरांगनाएँ हैं। भारत में ब्रिटिश उपनिवेशवाद के ख़िलाफ़ उन्होंने बड़ी लड़ाई लड़ी थी।

सहिया[1]

बारिश भी यहाँ परिवार का हिस्सा थी।

सोमरा की बेटी फूलो
जो हर रोज़ जंगल जाती थी
बारिश से पहले उड़ने वाली
तितलियों के संकेत से
बारिश का आना समझ जाती थी
और उसके लिए रुक जाती थी
बाघ माड़ा[2] के पास

जंगल के सखुआ पत्तों पर
बारिश के उतरने से पहले
जैसे उसके स्वागत में
वहीं खड़ी रहती थी...

---

1. मित्र।
2. बाघ की माँद।

इस रोज़ बारिश उसके इन्तज़ार में थी
इस क़रम के त्योहार पर
ससुराल से गाँव आने वाली
फूलो को पईरघाने[1]
आज बारिश यहाँ खड़ी थी

उसके पहुँचते ही
आसमान से उतरी और उसके पैर धोए...

फूलो उस बारिश की
बचपन की सहिया थी।

1. स्वागत करना।

उनके विद्रोह की भाषा

धुमकुड़िया में
तीर-कमान बनाने के तरीक़े सिखाए जा रहे थे
हथियारों में धार डाली जा रही थी
कुछ लोग विद्रोह के गीत बुन रहे थे
वे नृत्य की भाषा में युद्ध करना चाहते थे—

वे पाईका[1] खेल रहे थे

गीत और नृत्य की भाषा में
वे अन्ततः बराबर हो जाना चाहते थे।

1. आदिवासियों की युद्ध-नृत्य शैली।

शोक

दिन की रोशनी में
तितलियों ने शोक मनाया
उन्होंने बारिश को धरती पर
न आने का इशारा किया

बाँसों के झुरमुट में
जो खोईड़ भुला[1]
हर शाम झूलता था झूला
गाँव के बच्चों के साथ—

आज नहीं आया...

रात में भागजोगनियों की भी बैठकी हुई
उन्होंने गाँव से दूर चले जाने का ऐलान किया

आज माँदर से भी
कोई मधुर ध्वनि नहीं निकली

1. एक भूत।

वे भी बे-सुरे सुनाई दे रहे थे

गाँव के अखड़ा से
गीत और नृत्य करने वाला
एक बड़ा समूह
जा चुका था

इस जाने का मतलब सबको पता था
तितलियों को
बारिश को
खोईड़ भुला को
भागजोगनियों को
रात को

इसलिए तितली, बारिश, खोईड़ भुला
भागजोगनी और रात सभी शोकाकुल थे।

माँदरईकार[1] बाबा और गीतारू[2] आयो

आयो[3] बाबा अपने बच्चों को
ख़ूब दुलारते हैं—

बच्चे को अपनी गोद पर
कोराकर माँदर बजाते हैं

और
वे बच्चे को
अपनी पीठ पर
बेतराकर गीत गाते हैं

बच्चे को कोराए और बेतराए हुए
एक ताल और लय में रीझते हुए
झूमर[4] खेलते हैं—
माँदरईकार बाबा और गीतारू आयो।

---

1. खूब मान्दर बजाने वाला
2. ख़ूब गीत गाने वाली
3. माँ,
4. आदिवासी नृत्य शैली

टईयाँ[1]

अखड़ा झिपो के जूड़े का
सिंगार देख
ख़ूब रीझ रहा था—

जैसे प्रेमी जोड़ा
एक-दूसरे को देख रीझता

उसके जूड़े का मनमोहना
सिंगार देख
ख़ूब रीझ रहा था—
भेज्जा[2] खेलने वाला समूह

झिपो ने अपने जूड़े में
टईयाँ का सिंगार किया था,
उसे देखकर ही अखड़ा ने
आज खूब माँदर बजाया था।

---

1. आदिवासी बगुला पक्षी के पंखों को गूँथकर टईयाँ बनाते हैं और इसका शृंगार कर अखड़ा में खेलते हैं। आदिवासी नृत्य करना को 'खेलना' कहते हैं।
2. आदिवासी नृत्य की एक शैली

रसुआ घर[1]

धान पक रहा था...
जैसे सूरज उनमें थोड़ा-थोड़ा समा रहा था

धान सुनहरे हो चुके थे
उसके सुनहरेपन से खेत सुन्दर हो गया था

खेत के पास स्त्रियाँ एकत्र थीं
सुनहरे सौन्दर्य की गठरी बाँधने के लिए
तैयार
इसे वे अपने रसुआ घर में
सहेजने के लिए इकट्ठा हुईं थीं

वे धान काट रहीं थीं...
उनका हँसिया जैसे दिन को काटते हुए
शाम की ओर बढ़ रहा था

---

1. घर का वह कमरा जहाँ अनाज का भंडारण किया जाता है।

सूरज थक चुका था
धूप में तपे उन स्त्रियों के गाल जैसे
वह भी लाल हो रहा था...
उसे अब लौटना था

स्त्रियों के समूह ने
सूरज को काम से छुट्टी दी
हँसिया अपने कमर में खोंसा
धान का गट्ठर सिर पर उठाया
लौटते चिड़ियों संग अपने घर निकल पड़ीं
और सूरज पहाड़ के पीछे जाकर सो गया

उसे सबके साथ
रसुआ घर को सजाने के काम में
फिर जुटना था।

सखुआ जंगल

साँझ हो चुकी थी
झींगुर एक सुर में लोरी गा रहे थे

बच्चों की पलकें भारी हो रही थीं
जंगल मौन नींद सो रहा था

मौन—
सखुआ जंगल की भाषा थी
इस भाषा में नदियाँ समुद्र से मिलती थीं

इस भाषा में मनुष्य ने
भागजोगनियों से बात की थी
सखुआ जंगल की पुकार सुनी थी

मौन का गहरापन
सखुआ जंगल के बढ़ने में सहायक था

इस मौन में मधुर हवाएँ धरती को बेधती थीं
वे सखुआ के बीज को झकझोरकर

आसमान से उतारती थीं

जब बीज धरती पर गिरते
कोई ध्वनि सुनाई नहीं पड़ती
वे धरती पर फूल की तरह गिरते
एकदम शान्त और चुपचाप

मौन की इस भाषा में
सखुआ का जंगल धीरे-धीरे
हर रोज़ बढ़ता था

ख़ोरेन[1]

सूरज उनींदी अँगड़ाई ले रहा था
पहाड़ के पीछे से
हर दिन की तरह
वह फिर जाग रहा था

इस बीच ख़ोरेन अपने आँगन को
झाड़ू से बुहार रही थी

बाँस, इमली और करंज के सूखे पत्ते
आँगन में गिरे हुए थे
उन पत्तों को समेटते हुए वह
झाड़ू से किनारे कर रही रही थी
और उसने देखा—
इससे आँगन में एक सुन्दर आकृति बन रही थी

---

1. फिर उगना। पेड़ की किसी टहनी को जब काट दिया जाता है तब वहाँ नई टहनियाँ उगने लगती हैं। यह क्रिया ही ख़ोरेन या नुजुगना कहलाती है।

तब उसने सोचा
कि क्यों न यह आकृति
मैं अपने घर की दीवारों पर सजाऊँ!

फिर अगले दिन जंगल से लौटते हुए
उसने सफ़ेद मिट्टी उठायी
और अपनी उँगलियों से
वही सुन्दर आकृति बनाते हुए
अपने घर की पूरी दीवारों को छाब[1] दिया

इससे उसका आँगन और घर
सुन्दर दिखाई दे रहा था—
घर और आँगन को सिंगारते हुए
वह इस धरती को अपने तरह से सँवार रही थी

वह अपने नाम की तरह थी—ख़ोरेन
फिर से उगती
जैसे पेड़ की कटी हुई डाल से उगती नई टहनियाँ

सूरज की तरह ही ख़ोरेन
फिर उगते हुए
इस धरती को सचमुच
अधिक सुन्दर बना रही थी।

रोपा के बाद

आओ संगी!
धान के बढ़ने तक
हम नाच लेते हैं

रोपा का काम पूरा हो गया है
पहाड़ से नदियाँ खेत उतरेंगी
वे फसलों को सीचेंगीं

इसलिए आओ
नदियों में नृत्य का रस घोलते हैं
कार्तिक महीने तक
धरती पर घूम-घूम कर नाचें

आओ संगी!
हम थोड़ा नाच लेते हैं
ताकि
हमारे चूल्हों पर
धान के सीझने से पहले
धरती अपने गर्भ में फसलों को
खूब अच्छे से पका ले।

वे पुरुष

वे पुरुष
जिन्होंने स्त्रियों से प्रेम किया
पंछियों के प्रति अधिक विनम्र हुए
और धरती की ओर अधिक
झुके हुए दिखे

वे पुरुष अपनी पीठ पर
बच्चे को बेतराए[1] हुए
और उन्हें खेलाते हुए दिखे

वे पुरुष
जो स्त्रियों के गीतों को
दोहराते हुए सुनाई पड़े
वे पुरुष
जिन्होंने स्त्रियों से प्रेम किया
पुरुष होते हुए अधिक स्त्री हुए।

1. बच्चे को अपनी पीठ पर ढोना।

गीत गाते हुए लोग

गीत गाते हुए लोग
कभी भीड़ का हिस्सा नहीं हुए

धर्म की ध्वजा उठाए लोगों ने
जब देखा
गीत गाते लोगों को
वे खोजने लगे उनका धर्म
उनकी ध्वजा

अपनी खोज में नाकाम होकर
उन्होंने उन लोगों को जंगली कहा
वे समझ नहीं पाए
कि मनुष्य जंगल का हिस्सा है

जंगली समझे जाने वाले लोगों ने
कभी अपना प्रतिपक्ष नहीं रखा

वे गीत गाते रहे
और कभी भीड़ का हिस्सा नहीं बने।

पलायन

अब कोई नकदौना चिड़िया
घर के आँगन नहीं आती
फूलो के कोड़ा[1] जाने के बाद
कोई जरला चिड़िया भी नहीं आती

आम के पेड़ पर
किसी ने अपना घर
नहीं बनाया...
पास की बाँसबाड़ी से
खोईड़ भुला भी चला गया है।

मानो
नकदौना, जरला
और खोईड़ भुला का
फूलो की तरह
कहीं दूर जा चुके हैं।

---

1. आदिवासी गाँव से विस्थापित होकर जिस शहर में जाते हैं उसको 'कोड़ा' कहा जाता है। आदिवासी परिवेश में चिड़िया, मानुष, दईत सब निवास करते हैं। खोईड़ भुला एक अदृश्य दईत है।

सभ्यता

अरे!
तुम दईतों पर भरोसा करते हो
क्या वाकई तुम्हें लगता है
कि दईतों ने बाँध रखा है
धरती का सन्तुलन

तुम अब भी पहाड़ पूजते हो
जंगल से नेह करते हो
चाँद और नदियों को देख
अपनी दिशा तय करते हो

ऐसा कहने वालों ने
उन्हें श्रेष्ठता का पाठ पढ़ाया
और उन्हें सभ्य बनाया

सभ्य बनकर वे अपने पुरखों से दूर हुए
पहाड़ों से पराए
और जंगल से बेदखल

जनम से शिकारी
जब तक वाकिफ हुए
शिकार के इस सभ्य तरीके से
तब तक खुद बन चुके थे शिकार।

हुलो परिया[1] की कहानी

1

हुलो परिया की कहानी
दोहरायी जाएगी—
ऐसा इक्कीसवीं सदी के मनुष्य ने कहा
और पुरखों की स्मृति में लौट गया...
उसके नेत्र ने समुद्र की एक बूँद ढुलकायी
जो पृथ्वी को शीतल करने के लिए काफ़ी नहीं थी।

2

स्मृति में लौटा वह मनुष्य
हुलो परिया के आलर[2] से मिला

---

1. कुड़ुख भाषा में मनुष्य का प्राचीन समय 'हुलो परिया' कहलाता है।
2. हुलो परिया के समय का मनुष्य।

असुर[1] पहाड़ में लोहा गला रहे थे
लोहार लोहे को रूप देकर औज़ार बना रहा था
और आलर उस औज़ार से मेड़ तैयार कर रहा था।

सीढ़ीदार खेतों से
हुलो परिया का पहाड़ सुन्दर लग रहा था
धर्मेश ने आलर के हाथों को
सुन्दर खेत बनाने की कला सौंपी थी

लोहे के फार[2] से जमीन को चीरते हुए
आलर जानता था
कि लोहे की हर चोट धरती को करती है आहत
सो, हर बार खेत कोड़ने से पहले
वह धरती से माँगता था माफ़ी

हुलो परिया का आलर
कच्ची मिट्टी का बना था
अब भी वह हल्का गीला था—
हवाओं को अपने शरीर के भीतर
महसूस कर रहा था
धरती की शीतलता से हवा कोमल थी

स्मृतियों में लौटा वह मनुष्य
आलर के हृदय की कोमलता

1. झारखंड के आदिवासी समूह।
2. हल में लगा लोहे का औजार।

महसूस कर ही रहा था
कि अचानक स्मृतियों ने उसे बाहर धकेला

उसने पाया ख़ुद को बगड़ू[1] पहाड़ के सामने
लोहे के एक बड़े औज़ार ने
पहाड़ को बेध डाला था

धरती तप रही थी...
धरती के ताप से मनुष्य का शरीर भी
धीरे-धीरे तप रहा था
और इक्कीसवीं सदी का वह मनुष्य
हुलो परिया की कहानी दोहरा रहा था—

देखो! लोहे के ताप से
पहाड़ के फूल मुरझा रहे
खरवा नदी सूख रही...

अब मछलियाँ आसमान लौट जाएँगीं
देखो, सूरज के ताप से
पृथ्वी फिर गर्म हो जाएगी।

---

1. पहाड़ का नाम।

लौटना

1

कबूतर लौट आए थे—
अपने घोंसले में...

रास्ते की धूल बैठ चुकी थी
बकरियों के गले की घंटी भी
गुजरकर शान्त हो चुकी थी
ध्रुव तारा ढिबरी की तरह तेज़ चमकता
दिखाई दे रहा था

सबकुछ शान्त होने की वजह से
हवाएँ ज़्यादा दौड़-भाग कर पर रही थीं
जंगल की हवाएँ शरीर की धमनियों को
कँपा रही थीं

घर के चूल्हे की आँच आज रतजग्गा कर थी
वह घर की दीवारों को सेंक रही थी।

2

ठंड में आँच के करीब सभी बैठते थे—
खोपो बुढ़िया, झिपो, फूलो और हीरा...
सबके साथ आसमान का तारा भी
चूल्हे की आँच से ऊष्मा पाता था

इस रात
जब हवा सुई की तरह चुभ रही थी
कोई अनचाहा दर्द उठा
जब किसी बच्चे की रोने की आवाज आई...

घर की सबसे छोटी सदस्य हीरा
घोंसले की ओर बढ़ी और उसने देखा—
कबूतर के बच्चे अपनी माँ के पंखों से लिपटे हुए हैं...

एकाएक उसने खोपो बुढ़िया से पूछ लिया—
अम्मा! यदि कभी उनकी माँ रास्ता भूल जाए
और घर की ओर न लौटे तो...?

उसकी बात ने मौसम में ठंड थोड़ी और घोल दी
तारे दुबककर अपने कम्बल में चले गए।

3

तारों के जाने के बाद
अलसुबह जैसे सूरज जागा

बकरियों के गले में बँधी घंटी की आवाज़ से
गाँव की पगडंडी झूमने लगी
लचकती हुई पगडंडी चरागाह की ओर निकल पड़ी थी

चरागाह में बैल-बकरियों के झुंड के साथ
खेलते हुए बच्चों का झुंड था...

चरवाही करते हुए वे
उस रास्ते पर विशेष ध्यान देते...
गाँव की पगडंडी को शहर के किसी रास्ते ने
बीच से काट डाला था
इस रास्ते इनसान भटक जाता था
इनसान की तरह कभी-कभी
पशु भी यहाँ रास्ता भटक जाते थे
चरवाहों को उन पर निगरानी करनी होती थी

शहर का रास्ता बाज़ार की तरफ खुलता था
वहाँ करंज, महुआ और चार[1] के फल बेचे जाते थे
उनकी क़ीमत तय थी—
चार के बदले नमक तय था

खेसो के पिता की तरह
कई लोग इसी रास्ते में भटके थे

उनके बच्चे खेलकर घर लौटते थे,
और गाँव की पगडंडी उम्मीद करती थी

---

1. झारखंड के जंगल में पाया जाने वाला एक फल।

कि लोग लौटेंगे—
अपने बच्चों के पास
जैसे कबूतर अपने घोसलों में लौटते हैं।

4

गाँव की खोपो बुढ़िया अपने घर पर
बच्चों से पुरखा ज्ञान साझा करती थी
उसके घर का एक कमरा
धुमकुड़िया के लिए निश्चित किया गया था—

गाँव के सभी उम्र के बच्चों की
कक्षाएँ तय थीं

छोटे बच्चे गुलेल बनाना सीखते थे
फ़सलों की निगरानी करनी होती थी
उत्पाती जानवरों से सुरक्षा की ज़िम्मेदारी
उन्हें दी गई थी

बड़े बच्चे-बच्चियाँ
ले रहे थे
परस्पर मदद की सीख
गाँव में मदाईत की परम्परा प्रचलित थी

पुरखैती ज्ञान परम्परा कहती है—
जंगल के निर्माण में

देव-भूत, दोनों का सहयोग है,
इसलिए दोनों में सन्तुलन आवश्यक है

एक शाम धुमकुड़िया में
खोपो बुढ़िया ने बच्चों को बताया—

सन्तुलन के बिगड़ने से
मनुष्य अपनी राह से भटकता है
शहरी रास्ते का नया भूत
जो लोगों को राह भटका रहा...
बाज़ार में महुआ की क़ीमत तय हो रही
लेकिन सौदागर बड़न्दा भूत को
महुआ का मोल नहीं चुका सकते
महुआ बड़न्दा भूत के पसीने की उपज है
जंगल की गाढ़ी हवा
उसके बोए पोखरों से ठंडक पाती है,
जंगल में मनुष्य के दखल से पहले
जंगल उसका था

मनुष्य ने उसके महुआ की
सुरक्षा की सन्धि की थी
बड़न्दा भूत ने बताए थे महुआ के औषधीय गुण
और किया था आगाह—
सन्धि अगर टूटी
तो महुआ ख़ो देगा अपना औषधीय गुण।

5

साँझ होते ही
चेरे बेरे...चेरे बेरे...[1] करते हुए
पंछी लौट रहे थे
और मनुष्य अपने नन्हे बच्चों को छोड़
बाज़ार के चक्कर लगा रहा था
वहाँ से घर का रास्ता
अधिक जटिल हो गया था

गाँव की अखड़ा व्यवस्था, धुमकुड़िया
पड़हा व्यवस्था[2] भंग हो रही थी

पड़हा की बैठक में बहस चल रह थी—

सुकरी अपने पति के हिस्से की
लड़ाई लड़ रही थी
उसका पति कोड़ा से अबतक नहीं लौटा था।

कोड़ा से न लौटे पिताओं के बच्चे
माँदर, नगाड़े से कोई नई धुन नहीं सीख पा रहे थे
अखड़ा लोगों को गीत सिखाने में असमर्थ हो रही थी
गीत अखड़ा से बिदा हो रहे थे
इस बीच कोई नए राग में
अपने घर के दरवाजे पर बैठकर
गा रहा था—'कोड़ा ना जा संगी!'

---

1. पंछियों का कलरव
2. आदिवासियों की न्यायिक व्यवस्था

धुमकुड़िया से बच्चे ग़ायब हो रहे थे
शहर से लौटे लोगों को
गाँव के सबसे बुज़ुर्ग से बात करने में
असहजता महसूस हो रही थी
शब्द-भाव आड़े आ रहे थे

अपने नवजात बच्चों को देखकर
अब कोई भी अपनी भाषा में
गीत नहीं गुनगुना पा रहा था

अभी जन्मा हुआ बच्चा
तमाम खिलौनों के बीच था
कहीं भटका हुआ सा
जैसे वह किसी खिलौने के बाज़ार के बीच था

गाँव की पगडंडी को
शहर की ओर खुलने वाले
जिस रास्ते ने बीच से काट डाला था
वह रास्ता बढ़ते-बढ़ते
अखड़ा, धुमकुड़िया होते हुए
घर के चूल्हे तक पहुँच चुका था

और चूल्हे की आँच के क़रीब
लोगों की जगह खाली हो चुकी थी
उनका लौटना मुश्किल था
जैसे जन्म ले चुके बच्चे का
अपनी माँ के गर्भ में लौट पाना
असम्भव है।

डंडी दिम कत्था

(गीत गाना ही बोलना है)

ये कुछ पारम्परिक कुड़ुख गीतों के अनुवाद हैं। इनका सम्बन्ध कुड़ुख समाज के पर्व-त्योहारों और दैनन्दिन जीवन-चर्चा से है। मूल में इन गीतों का कोई शीर्षक नहीं है।

कुड़ुखरों में एक कहावत प्रचलित है—एकना दिम तोकना, कत्था दिम डंडी, अर्थात चलना ही नृत्य है और बोलना ही गीत है। उनकी यह भावना इन गीतों में देखी जा सकती है।

सुनो तो

कासी के चिरो डाँड़ में
बहुत सुन्दर नगाड़ा बज रहा है
सुनो तो आयो, सुनो तो बाबा
कितना सुन्दर नगाड़ा बज रहा है

माटी का माँदर, पीतल का झाँझ
और लोहे का नगाड़ा बज रहा है।

मूल— कासी को चिरो डाँड़े का सुन्दर नगेरा सड्डी
मेना तो गे आयो, मेना तो को बाबा
एका सुन्दर नगेरा सड्डी

ख़ज्ज ही ख़ेल, पीतर ही झाँईंझ
पन्ना ही नगेरा सड्डी

समय बीत रहा

महुआ के गुच्छे, फूल को देखो तो
किसी लड़की के जूड़े जैसा दिख रहा है

सुबह खिलता है, शाम में गिर जाता है
समय बीत रहा जैसे लगता है।

मूल— मदगी कोंचन एरय तो मंज़र गो
खोपा मुलुरका बेसे लागी

पईरी बीरि पुईंदा, पुतबारी खत्तरा
बेरा केरका बेसे लागी

कोई नहीं देखता

हाय रे मन
हाय रे शरीर
मन का जलना, कौन देखता

पहाड़ का जलना, पूरा राज्य और लोग देखते
पर मन का जलना कोई नहीं देखता।

मूल— हो हो रे जिया
हो हो रे काया
जिया ओलेनन ने दुरु एरो

परेता ओलेनन, राजियर एरनय
जिया ओलेनन ने दुरु एरो

कोंपल

फुटकल खिल रहा है, करील की तरह खिल रहा है
युवती का मन अटका हुआ है उसके कोंपल पर

आज तोड़ूँगी, कल तोड़ूँगी—ऐसा सोचती है
फुटकल का कोंपल खिल कर पत्ता बनता जा रहा है।

मूल— फुटलंगो खुरिया, करील गजा खुरिया
पेल्लो जिया टांगरकी र:ई

इन्ना तोक़्खोन बाच'अन नेला तोक्खोन बाच'अन
खुरिया कि डहुरा मन्जा।

तुम्हें कौन बचाएगा

ओ लड़की! यदि तुम्हें केकड़ा पकड़ेगा-काटेगा
तो तुम्हें कौन बचाएगा
कौन उससे तुम्हें छुड़ाएगा

तुम्हारा जोड़ी शहर गया है
तुम्हें कौन बचाएगा?

मूल— निंगन कोय पेल्लो ककड़ो परमिया
निंगन पेल्लो ने छोड़ाबा'ओ
निंगन पेल्लो ने छोड़ाबा'ओ

निंग जोड़ी जोंख़स कोड़ा राजी केरा
नेंगन पेल्लो ने छोड़ाबा'ओ

आसरा

मेरी जोड़ी काम करने ईंटा भट्ठा चली गयी है
हमेशा सोचता हूँ—कब आएगी

आसरा देखते-देखते, उम्मीद टूट गयी है
मेरा मन उसी में लगा हुआ है।

मूल— एंग्है जोड़ी पेल्लो ईंटा भट्ठा केरा
एका उल्ला बर'ओ बेसे लागी

असेरा एरा एरा असेरा गा टूटरा
जिया एंग्है टंगरकी र:ई

चल साथी

मैं भी जवान हूँ, तुम भी जवान हो
चल साथी, चाय बाग़ान चलते हैं
चल साथी, भोटाँग असम चलते हैं

असम भोटाँग में पैसे कमाएँगे
छोटानागपुर शादी करने के लिए आएँगे
छोटानागपुर शादी करने के लिए आएँगे।

मूल— एन हूँ डिंडा, नीन हूँ डिंडा
गुचा जोड़ी, भोटाँग कालोत हो
गुचा जोड़ी, भोटाँग कालोत

भोटाँग नु ढिबा नलख ननोत
नागपुर नु बेंजेरआगे बरओत हो
नागपुर नु बेंजेरआगे बरओत।

कौन देखेगा

जोड़ी! तुम्हारे आयो-बाबा नहीं हैं
कौन तुम्हारा साज-सिंगार देखेगा

आयो रहती तो तुम्हारा शृंगार देखती
बाबा रहते तो तुम्हारा सँवरना सजना देखते।

मूल— निंगा गे जोड़ी आयो न बाबा मला
ने सिंगार ने सपर एरोर

आयो र'ओ सिंगार एरोर
बाबा र'ओर सपर एरोर

चली जाऊँगी

बहुत डाँटती हो माँ, बाबा बहुत डाँटते हैं
पसन्द किए लड़के के पास चली जाऊँगी
पसन्द की हुई लड़की के पास चला जाऊँगा

सुबह-शाम डाँटते हो माँ-बाबा।
पसन्द की हुई लड़की के पास चला जाऊँगा
पसन्द किए लड़के के पास चली जाऊँगी

मूल— बनाय बनाय केबेदेगी नयांगो
बनाल जोंख़य गने र'ओन

पाईरी ना पुतबारी केबेदेगी नयांगो
बनाल पेल्लो गने र'ओन